Mysteriöser Brummton in Deutschland - woher?

Eine Zusammenfassung von Gerald Wolff.

Mysteriöser Brummton in Deutschland -

woher?

Eine Zusammenfassung von Gerald Wolff.

Bibliografische Information der Deutschen
Nationalbibliothek: Die Deutsche Nationalbibliothek
verzeichnet diese Publikation in der Deutschen
Nationalbibliografie; detaillierte bibliografische Daten
sind im Internet über www.dnb.de abrufbar.

Herstellung und Verlag:
BoD - Books on Demand, Norderstedt

ISBN 978-3-8423-6728-9

Inhaltsverzeichnis

Vorwort

In Deutschland gibt es seit längerer Zeit ein Brummen, ein Vibrieren - kurz: Infraschall.

Woher er kommt? Keiner weiß es.

Ich habe einen langen Weg zurückgelegt mit Recherchen, bin gereist, um herauszufinden, woher er kommt, was ihn verursacht.
Nichts zu machen. Kein Ergebnis.

Ich habe einfachste Fakten rund um das Thema notiert - als Anhaltspunkt für Menschen, die vielleicht denken, „sie hören nicht richtig". Sie hören RICHTIG: den Ton gibt es, und er ist überall!

Meine Befürchtungen, meine Hoffnung: all dies steht in diesem kleinen Büchlein.

Es war mir ein Bedürfnis, es zu schreiben - für mich, für andere Menschen, die nicht mehr schlafen können, die leiden. Ich wünsche uns allen viel Kraft!

Ihr Gerald Wolff.

Wir haben nur unsere Gesundheit!

WIR - das sind DU und ICH, das sind WIR Deutschen!

Was, bitte, ist uns wichtig, jedem einzelnen von uns *so* wichtig, dass man alles dafür tut, wenn man es erst einmal verloren hat?

Richtig: UNSERE GESUNDHEIT!

Was, bitte, können wir tun, um diese zu schützen?

Alles Mögliche, nur nicht: Einfluss nehmen auf das Geschehen außerhalb von unserem Körper, außerhalb unserer Seele.
Wir sind gewissen Einflüssen ausgesetzt, die uns beeinflussen.

Was ist Infraschall?

Infraschall ist tieffrequenter Schall, den man eigentlich mit dem menschlichen Ohr nicht hören kann, nicht so, wie man unsere Sprache und unsere Alltagsgeräusche hört.

Man kann Infraschall auch SPÜREN, denn er löst Vibrationen aus, die uns beeinflussen, die man körperlich wahrzunehmen in der Lage ist.

Alles, was sich im Frequenzbereich
UNTER 10 Hz
tummelt, wird mit Sicherheit dem Bereich „TIEFFREQUENTER SCHALL" zugeordnet.

Woher kommt er?

Infraschall im Frequenzbereich von 10 Hz kann u.a. durch folgende Faktoren erzeugt werden:

* Windräder
* Biogasanlagen
* Luftwärmepumpen von Heizungen, die mit Erdwärme betrieben werden.

Viele Maschinen sind in der Lage, Infraschall zu erzeugen. Aber meistens wirkt er nur in einem relativ kleinen Umfeld, nicht kilometerweit oder gar landesübergreifend. Woher der Ton kommt, den ich höre: keine Ahnung!

Was hat er für Auswirkungen?

Gesundheitlich unbedenklich ist er wohl nicht. Schallwellen setzen sich über weite Strecken fort; sie können uns beeinträchtigen. Selbst Tiere fliehen aus Auen und Wäldern, wenn sie den Infraschall der Windräder nicht ertragen.

Die Idee, Infraschall als WAFFE zu nutzen, wurde bereits in den Nachkriegsjahren im europäischen Ausland verfolgt - sagt man.

Infraschall macht etwas mit uns, das man nicht genau definieren kann.

Aber EINES kann man mit Sicherheit sagen: Infraschall verursacht STRESS - dem Körper wie auch der Seele.

Beispiel / Fluchtinstinkt

Infraschall wird zum Beispiel auch erzeugt, wenn Hackschnitzel aus Holz produziert werden. Letztens erst habe ich es selbst miterlebt und beschreibe Ihnen meine Empfindungen und Wahrnehmungen:

9

Ich lag im Bett, wollte schlafen. Plötzlich dröhnte ein unglaublich tiefer Ton durch die Luft, durch das Haus, durch alle Räume. Dieser Ton ließ sich durch nichts aufhalten. Egal, ob ich die Türen oder Fenster schloss - er war einfach überall: als ein starker Druck in meinen Ohren, und ich spürte ihn DEUTLICH in meinem Körper.

Ich hatte das Gefühl, er nimmt mir die Luft zum Atmen, bringt meinen Herzrhythmus durcheinander, beeinflusst meine Wahrnehmung. Ich fühlte mich außerordentlich unwohl, konnte aber nichts dagegen machen. Es vibrierte nicht nur mein Bett, sondern auch die LUFT.

Ich wurde mit einem Male sehr aggressiv.

Wie konnte ich nur diesem Ton ENTRINNEN?

Wegfahren wäre die einzige Lösung gewesen, denn der Ton kam ja offensichtlich vom Gehöft ein paar hundert Meter bergan.

Dort werden Hackschnitzel produziert.

Doch ich wollte schlafen, war sehr müde. Keine Chance auf Schlaf. Ich stand extremst unter STRESS. „Weg, nichts wie weg!" war der einzige Gedanke, den ich hatte. FLUCHT!

Der Fluchtinstinkt wird ausgelöst durch eine bedrohliche Situation!

Allein der Umstand, dass DIES mein einziger, flehender GEDANKE in diesen Momenten war, in diesen ca. 40 unendlich-lang empfundenen Minuten, in denen die Maschine lief, beweist in meinen Augen, dass etwas - dieser Ton - meinen Körper so unter STRESS gesetzt hat, dass er keinen Ausweg kannte, außer:

FLIEHEN.

Ein FLUCHTREFLEX, ein FLUCHTINSTINKT ist etwas, das uns die Natur mitgegeben hat. Wer sich bedroht fühlt, flieht.

Ist dieser Ton eine ernsthafte Bedrohung?
Ist dieser Schall eine Gefahr?

Ich empfand es so!

Und ich war überglücklich, als ich mit einem Male wieder frei atmen konnte, mein Herzrhythmus sich normalisierte und meine Ohren nicht mehr diesem unerträglichen Brummton und diesem Druck in den Ohren ausgesetzt waren. ERLEICHTERUNG pur!

Was, wenn man nicht fliehen kann?

Infraschall ist ein Problem unserer zivilisierten Gesellschaft. So denke ich über diese Angelegenheit.

Vermutlich wird er auch durch ganz normale Vorgänge in der Natur erzeugt - kann ich mir zumindest vorstellen.

Jedoch das, was ich an diesem Abend hörte, war UN-NATÜRLICH. Und ich empfand es als BEDROHUNG!

Verlassen wir uns auf unsere Empfindungen, auf unser Bauchgefühl! Es liegt meistens mehr als richtig!

Was nun, wenn man nicht fliehen kann???

Der Ton ist überall...

Ich habe den Ton zuerst vor ca. drei Jahren (2013) in einem Tal in Hessen gehört. Damals dachte ich, es sei ein lokales Problem. Falsch gedacht!
Ich reiste, suchte nach Ruhe, weil ich kaum noch schlafen konnte. Doch der tiefe Brummton, der Schall - er war überall, wohin ich auch kam. Wie sollte ich die Quelle finden?

Da sich tieffrequenter Schall KREISFÖRMIG ausbreitet, ist er sehr schwer zu orten. Wo soll man nach der Quelle suchen? Woher kommt er?

Erstaunlich fand und finde ich: immer nachts zwischen 3 und 4 Uhr ist er deutlich leiser - bundesweit! Wieso?

Auch spannend: schlägt das Wetter um, zieht Nebel herauf, kündigen sich Regen oder Gewitter an, ist der Ton wesentlich lauter als sonst. Dann spürt man auch die Vibrationen stärker.

Feuchtigkeit scheint den Ton zu verstärken.

Und als ich Freunden von diesem ungewöhnlichen Thema erzählte, schauten sie mich ungläubig an. Sie hörten den Ton nicht, hatten nicht diesen lästigen Druck auf ihren Ohren. Und sie standen direkt neben mir.

War es Zeit, zu fliehen? War es Zeit, ganz aus meinem Lebensumfeld wegzugehen?

KEIN Tinnitus!

Dieser Ton ist nicht für alle Menschen wahrnehmbar. Manche können ihn hören, manche nicht. Wer ein feines Gehör hat und empfänglich für tiefe Frequenzen ist, kann ihn hören und ist damit einer Dauerbelastung par excellence ausgesetzt.

Wie soll man das durchhalten?

Stellen Sie sich vor, ein LkW hält neben ihrem Haus - Sie hören das tiefe Brummen des laufenden Motors auch dann, wenn Sie Ihre Türen und Fenster geschlossen halten. Ihre Couch zittert, der Boden vibriert.

Stellen Sie sich vor, Ihre Freunde würden diese Wahrnehmungen NICHT teilen; sie können den Ton nicht hören und die Vibrationen nicht spüren. Dann denken Ihre Freunde und Nachbarn vielleicht, Sie seien geisteskrank geworden... Oder haben Sie gar Tinnitus??

Nun, Tinnitus ist keine schöne Angelegenheit: man hört Töne IM Ohr. Nervig und sicher mit der Infraschall-Belastung von Außen ein wenig zu vergleichen.

Doch der Unterschied ist: bei tieffrequenter Dauerbeschallung kommt die Belastung von außen!

MESSUNGEN

Man kann Infraschall messen. Dafür gibt es hochempfindliche Geräte, die feststellen können, wie stark Infraschall ist und in welcher Frequenz er sich bewegt.

Solche Messungen habe ich machen lassen. Wir bewegen uns bei dem Schall, den ich wahrnehme, im Bereich von 10 Hz: Infraschall.

„Eigentlich dürften Sie den Ton gar nicht hören!" sagten die Herrschaften, die die Messung vornahmen. „Das menschliche Ohr hört keinen Infraschall!". Das weiß ich auch.

Aber ich höre den Ton: TAG UND NACHT - 24 Stunden ohne Unterbrechung, und das seit nunmehr 2 ½ Jahren!!! Da NICHT verrückt zu werden, ist ein Kunststück!

Ich habe alle behördlichen Wege zurückgelegt, die es gibt: Ordnungsamt, Polizei, Umweltamt, Regierungspräsidium, Staatsanwaltschaft. Ich habe telefoniert, recherchiert, mit Fachkräften gesprochen, die sich mit Infraschall eigentlich gut auskennen. Keiner weiß Rat, keiner kann helfen.

Ich selbst kann mir nur begrenzt helfen, indem ich mir vorstelle, ein Schiffsmotor brummt unter mir und trägt mich einem Leben entgegen, in dem ich wieder in Frieden und Stille leben und arbeiten kann.

Anders ertrage ich den Ton nicht. Da hilft auch kein Jammern, kein Weinen, kein Fliehen, kein Wegrennen. Der Ton ist ÜBERALL!

Wie stark ist dieser Infraschall?

Ich spüre den Ton auf Anhöhen - wie z. B. auf Bergen - deutlicher und als ein Flattern in den Ohren, einen Druck, der sich auf meine Ohren legt, und der rhythmisch getaktet vibriert. Das ist außerordentlich unangenehm!

Im Tal höre ich eher ein tiefes Brummen, ein Dröhnen, das man nicht ertragen möchte, weil es so stark und unnatürlich ist. Es belastet mich!

Da der Infraschall meiner Ansicht nach nicht von einem der – in Kapitel 2 – genannten Verursacher kommen kann, weil er landesweit im gleichen Rhythmus zu hören ist, auch da, wo die verursachenden Faktoren aus Kapitel zwei nicht vorhanden sind, ist es mehr als fraglich, woher er kommt.

Was hat so viel Kraft, so viel Macht, einen Ton auszusenden, der weite Teile Deutschlands vibrieren und brummen lässt?

Viele Menschen sind davon betroffen, wissen nicht weiter.

Ich bin geflohen, bin gereist, um einen Platz zu

finden, wo der Ton leiser oder gar nicht mehr zu hören ist. In Deutschland habe ich diesen Ort bisher nicht gefunden, aber ich war natürlich auch nicht an allen Plätzen in unserem Land.

Ich war in Bayern, Thüringen, Sachsen, Brandenburg, Hessen. Dort überall ist der Ton in der gleichen Taktung rhythmisch vernehmbar.

Freunde hören ihn z.T. auch. „Was hörst du?" fragte ich sie. „Wie hört sich der Ton für dich an?".

Zwei Antworten finde ich sehr treffend:

- „Es klingt wie ein Schiffsmotor von einem Kreufahrtschiff!"
- „Es klingt wie ein stampfendes Motorengeräusch!"

Ja, das finde ich auch. Aber es ist mehr als das. Es brummt ohne Unterlass. Motoren gehen aus, Kreuzfahrtschiffe machen Pause. Dieser Ton hört nicht auf – nicht seit nunmehr 2 ½ Jahren!!

Was kann man / was kann ICH dagegen tun?

Ich, Gerald Wolff, schreibe diese Zeilen, denn ich bin weder mit der Messung noch mit der Hilfe der Behörden zu einem Ergebnis gekommen.

Im Moment weiß ich nicht, was ich oder man dagegen tun kann.

Ein Bekannter hat mir mal den Tipp gegeben, den Ton aufzunehmen. Wenn man ihn nach den Gesetzen der „Interferenz" abspielt, ist es theoretisch möglich, ihn in der Wahrnehmung vollständig auszulöschen.

Auch, wenn mein Kühlschrank läuft, höre ich den Ton nicht ganz so extrem, als wenn es gar keine Nebengeräusche gibt. Aber: ich höre ihn auch beim Fernsehen, spüre den Druck auf meinem Brustkorb, spüre die leichten Vibrationen des Bodens und meiner Möbel!

Ich stecke mir regelmäßig etwas in den Gehörgang, um mich wenigstens ein bisschen gegen den Druck auf meine Ohren zu schützen. Den Ton jedoch höre ich durch alles hindurch.

Ein Herr vom Deutschen Institut für Normung, der für den Bereich „Infraschall" zuständig ist, sagte mir vor etlichen Monaten, dass sich JEDEN TAG 3 Menschen bei ihm beklagen und nicht weiterwissen!

Jeden Tag rufen DREI Menschen bei ihm an, die eine Odyssee hinter sich haben, weil sie nicht mehr schlafen und in Ruhe leben können.

Was passiert bei uns?

Ich weiß nicht, was ich tun kann – außer: ich mache SIE auf dieses Problem mit meinem einfach gehaltenen Büchlein aufmerksam. Vielleicht ergibt sich daraus eine Option auf Veränderung!

Herrscht KRIEG?

Diese Frage beschäftigt mich, besonders, seit ich einen Artikel über die gefährliche Wirkung von Infraschall gelesen habe. Man hat überlegt, ihn als Kriegswaffe zu nutzen. Man kann mit tieffrequentem Schall TÖTEN!!

Frage: Beschallt man uns mit diesem Ton, um etwas zu erreichen? Eine gewagte These?

Vielleicht. Aber wenn man Tag und Nacht solch einem Ton ausgesetzt ist, recherchiert hat bis zum Abwinken, da ergeben sich die spannendsten und unrealistischsten Gedanken, die man sich nur vorstellen kann.

Aber: ist diese Idee wirklich ganz und gar unrealistisch???

Wer hätte INTERESSE daran, uns unter Dauerbeschallung und damit unter DAUERSTRESS zu setzen?

Was macht Stress mit uns? Er macht aggressiv, er macht uns irgendwann auch passiv, defensiv und lethargisch, wenn wir keine Kraft mehr haben.

Macht er uns kaputt?

Macht er uns gar krank und kann uns umbringen?

Was macht dieser Ton, dieser Schall mit uns?

Wer ihn nicht hören kann, ist trotzdem nicht dagegen geschützt!

Viele Menschen glauben: „Was mich nicht betrifft, geht mich nichts an. Wenn ich den Ton nicht höre, ist das hier nicht mein Problem!".

FALSCH!

Auch, wenn SIE den Ton nicht hören, ist er doch da. Die Auswirkungen von tief-frequentem Schall sind noch nicht erforscht, und doch müssen wir uns damit auseinandersetzen, wenn wir gesund leben wollen.

JEDER ist betroffen, wenn der Infraschall in seiner Umgebung „wütet", und selbst, wenn man sich nicht gestört FÜHLT, weil man den Ton weder hört noch die Vibrationen wahrnimmt, ist er doch da, verursacht STRESS im Körper, denn der wird in seiner Eigenschwingung gestört, und das verursacht *immer* Stress!

Fazit: dieses Thema geht uns alle an!

„Brummton-Phänomen"

Im Internet gibt es viele Möglichkeiten, mehr über das Thema zu erfahren, und doch sind viele der Informationen mehr als diffus.

Interessant: im Internetportal „YOUTUBE" habe ich unter dem Suchbegriff „Brummton – HUM" von anderen Betroffenen hochgeladene Audiodateien gefunden, die – ausschließlich mit KOPFHÖRERN anzuhören – den Brummton z.T. auf sehr eindrucksvolle Weise wiedergeben.

Ist dieses „Problem" tatsächlich die Nebenwirkung einer übertechnisierten Welt? Ist es unsere „Errungenschaft", an der wir nun zugrunde gehen?

Das „Brummton-Phänomen" beeinträchtigt Menschen in ihrer Lebensqualität und treibt sie zum Äußersten: in die Verzweiflung. Es gibt etliche Menschen, die leiden. Es gibt viele Menschen, die nichts hören und nicht verstehen, warum Betroffene so sehr leiden.

Ich wünschte, es gäbe einen Ausweg!

Mein Wunsch

Ich wünsche mir einen Ort, an dem ich wieder in Frieden leben kann.

Selbst die Staatsanwaltschaft aus dem Bereich „Umweltdelikte" ist in diesem Falle machtlos, denn: in welche Richtung soll sie ermitteln, wohin sich wenden, wenn man den Ton, die Quelle des Tons nicht lokalisieren kann.

Vielleicht werden wir ja gar aus dem All beschallt...?! Wäre so etwas möglich??

Eine gruselige Vorstellung!

Ich halte nichts von „Verschwörungstheorien", aber ich muss ganz nüchtern sagen: EINEN Grund oder gar mehrere MUSS es geben für diese landübergreifende Infraschall-Geschichte.

Im Sinne von Gesundheit und Wohlbefinden sind alle angehalten, die Augen offen und den Geist wach zu halten, und sich auf die Suche zu machen, WAS uns hier gerade beeinflusst,

WAS uns hier gerade regelrecht befällt, gegen das anscheinend kein Kraut gewachsen ist und wogegen keine Schutzmauer errichtet werden kann.

Der Schall geht durch Wände; er macht nicht halt vor Mensch und Tier.

Tiere fliehen; wir Menschen bleiben an dem Ort, den wir lieben, wir bleiben bei den Menschen, die uns nahe sind und die wir nicht verlassen möchten. Was tun? Wie kann man mit solch` einer Belastung leben?

Gar nicht!

Ich verzweifle jeden Tag neu, wenn ich nicht weiß, wohin. Irgendwann wandere ich vielleicht sogar aus. Ob der Ton auch in Australien zu hören ist???

Länder sind industrialisiert. Das ist gut so. Industrie bringt Fortschritt.

Wenn wir uns einmal anschauen, wieviel Technik uns umgibt - in diesem noch recht neuen, technisierten Zeitalter der Menschheitsgeschichte, in einer Ära, die uns diese Neuerungen beschert hat, dann sind wir so unerfahren auf diesem Gebiet wie junge Schüler: wir kennen die langfristige Wirkung der genutzten Technik auf uns Menschen nicht.

Wir kennen weder die Auswirkungen der Technik auf unsere Gesundheit, noch können wir abschätzen, was die Technik für Auswirkungen auf unsere Umwelt hat, in der wir alle leben!

Schützen heißt bewahren. Doch was soll man schützen? Wo fängt man am Besten an? Vielleicht sollten wir uns wieder mehr dem Leben zuwenden, das naturbelassen für uns gedacht ist. ICH sehe langfristig darin den einzigen Weg, eine neue Form der Bedrohung abzuwenden, denn Technik kann Segen sein UND Fluch.

Wenn man nicht mehr schlafen, in Ruhe leben und arbeiten kann, ist sie mehr als ein FLUCH, sie ist die Verdammung schlechthin.

Ich MUSS gehen, MUSS auswandern, denn so kann ich nicht leben.

Deutschland adé?! Wenn alle gehen, wer wird dann bleiben und arbeiten, wer wird unser Land halten und bewahren? Wenn alle fliehen, wird es leer im Land.

Viele Menschen hören den Ton nicht. Aber: immer mehr Menschen hören, was ich höre. Ich kenne die Anzahl derer nicht, die sich extrem gestört fühlen, aber ich weiß, wie schlimm dieser Zustand für mich ist. Und ich bin sicher, es geht mir nicht alleine so.

Meine Hoffnung, in Deutschland einen Platz zu finden, an dem ich mich ungestört aufhalten und mein Leben genießen kann, zerfließt. Ich kann daran kaum noch glauben.

Ich bitte darum: woher auch immer dieser Ton kommen mag - stellt diesen Wahnsinn ab! Behütet unsere Gesellschaft und schützt unsere Kinder! Das wünsche ich mir!

Ihr Gerald Wolff.